AF242450

NOTES

SUR UN

PROJET DE SUBSIDE COMMUNAL

Dont le résultat pourrait être :

30 Millions de Francs,

EMPLOYÉS ANNUELLEMENT

A LA COLONISATION AGRICOLE DE L'ALGÉRIE,

Plus, la disponibilité de 10 Millions d'Hectares,

SANS QU'IL EN COUTE RIEN
A LA FRANCE.

Aide-toi, et le Ciel t'aidera.

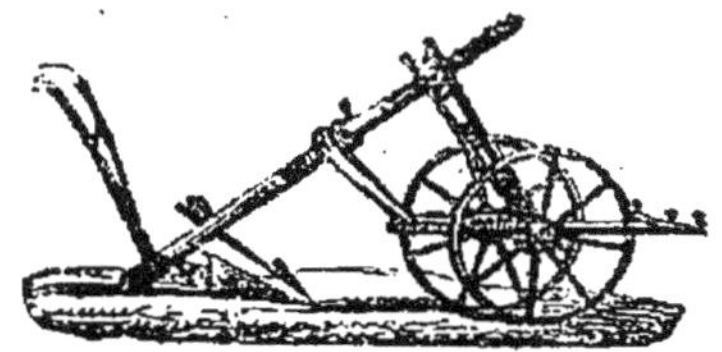

ALGER,
IMPRIMERIE DE A. BOURGET, RUE SAINTE, 1.

1852

NOTES

SUR UN

PROJET DE SUBSIDE COMMUNAL

Dont le résultat pourrait être :

30 Millions de Francs,

EMPLOYÉS ANNUELLEMENT

A LA COLONISATION AGRICOLE
DE L'ALGÉRIE,

Plus, la disponibilité de 10 Millions d'Hectares,

SANS QU'IL EN COUTE RIEN
A LA FRANCE.

Aide-toi, et le Ciel t'aidera.

ALGER,
IMPRIMERIE DE A. BOURGET, RUE SAINTE, 1.

1852

ALGÉRIE
A TIMBRER A L'EXTRAORD.

AVANT-PROPOS.

En commençant à élaborer les premières notes de cet opuscule, j'étais loin de songer à lui appliquer un titre qui paraîtra peut-être beaucoup trop tranchant et trop prétentieux.

Cependant, la chaîne naturelle du raisonnement m'a amené à déduire des conséquences telles que je n'en ai pas vu d'autres à lui donner puisqu'enfin la conclusion définitive ne tendrait à rien moins qu'à établir ce que ce titre annonce.

Ce que je propose n'est pas une nouveauté, au moins quant aux détails ; à cet égard je n'ai fait que recueillir des faits expérimentés et des opinions prépondérantes d'hommes éminents ; mais il m'a semblé que le temps prescrit par M. Moll était arrivé, celui où il y a assez de faits, d'observations, d'essais tentés, de matériaux enfin pour qu'on puisse marcher avec certitude à l'édification d'un système et j'ai simplement essayé de coordonner ces éléments et d'en déduire des principes généraux.

Je ne propose rien dont l'expérience et la pratique n'aient déjà au moins partiellement sanctionné la valeur, je n'avance à peu près que des opinions conformes à celles qu'ont proclammées des gens hautement compétents, je m'étaie particulièrement de celles de M. Moll et de celles de M. le Maréchal Bugeaud et enfin j'indique les moyens pratiques d'atteindre complétement le but que se proposaient les Ordonnances du 1er octobre 1844 et du 21 juillet 1846, but qui n'a été rempli qu'en partie.

Je voudrais ici adresser mes sincères remercîments aux personnes qui ont bien voulu m'aider de leurs conseils, m'appuyer de leur assentiment et m'indiquer des modifications et des rectifications essentielles à apporter au travail de premier jet que je leur avais présenté ; mais il ne m'appartient pas de livrer de mon propre mouvement leur nom à la publicité sans être assuré de l'accueil qui sera fait à cet ouvrage.

MARCHAL.

NOTES

SUR UN

PROJET DE SUBSIDE COMMUNAL

Dont le résultat pourrait être :

30 MILLIONS DE FRANCS,

EMPLOYÉS ANNUELLEMENT

A LA COLONISATION AGRICOLE DE L'ALGÉRIE,

Plus, la disponibilité
DE 10 MILLIONS D'HECTARES,

SANS QU'IL EN COUTE RIEN A LA FRANCE.

Aide-toi, et le Ciel t'aidera !

On a beaucoup écrit au sujet de la colonisation algérienne, bien des projets ont été émis et discutés, un grand nombre de systèmes ont été essayés ; les résultats de toutes les tentatives ont été tels qu'il règne aujourd'hui une sorte de torpeur tant pour les idées que pour l'application d'un système quelconque ; il s'en faut bien, il est vrai, qu'on doive, considérer cette torpeur comme un signe de découragement ; dans aucun temps les colons ne se sont livrés avec plus d'ardeur et de confiance au travail agricole, mais le Gouvernement et l'Administration paraissent vouloir renoncer à la tutelle plus ou moins absolue dont ils s'étaient chargés jusqu'à présent vis-à-vis des populations rurales et semblent disposés à livrer la colonisation à l'initiative des particuliers beaucoup plus que l'on ne l'a encore fait (Note I). Ce serait, en effet, pour la *colonisation agricole* proprement dite, le seul moyen de succès.

L'intervention unique du Gouvernement est, sans contredit, insuffisante et présente bien des inconvénients ; mais en y joignant celle des particuliers, qui cependant n'en offre pas moins, on suppléerait à leurs inconvénients respectifs parce qu'ils seraient de nature tout-à-fait opposée et qu'ils se neutraliseraient réciproquement.

Le Rapport que je transcris ici, adressé à la Commission municipale de Coléah, qui en a adopté les conclusions, peut donner une idée des mesures que je proposerais comme un moyen efficace pour forcer de toutes parts l'initiative particulière à entrer dans la voie, et il donne un exemple de l'application de ces mesures à une localité ou à un district.

RAPPORT

Adressé à la Commission Municipale
de la Commune de Coléah,

PAR LE SOUSSIGNÉ,

*Sur un Projet d'Impôt communal (1) à établir sur
les Terres au même titre que les centimes additionnels en France, et devant produire un crédit
égal au Budget des dépenses, avec lequel nous
pourrions accorder des primes de défrichement et
autres aux colons du district.*

MESSIEURS,

Les ordonnances du 1er octobre 1844 et du 21 juillet 1846 ont prescrit l'application d'un impôt de 5 ou
10 francs par hectare sur les terres incultes de cer-
taines parties du territoire algérien.

Ces ordonnances n'ont pas pu recevoir, à cet

(1) La combinaison que je propose est, à bien plus proprement parler, UN SUBSIDE POUR LA COLONISATION AGRICOLE.
Mais dans ce cas-ci, j'ai cru devoir la désigner : IMPOT COMMU-
NAL A ÉTABLIR AU MÊME TITRE QUE LES CENTIMES ADDITIONNELS,
afin d'en obtenir l'application par la voie de la Municipalité.

égard, même un commencement d'exécution ; parmi les obstacles que devait rencontrer cette mesure, la dénomination seule de terres incultes s'opposait peut-être invinciblement à son application ; des ré- réclamations sans nombre eussent constamment entravé la perception, à cause de la définition trop vague de l'objet imposé. Dans ce pays encore si peu cultivé, on trouverait en effet peu de propriétaires qui voulussent bien admettre que leurs terres sont réellement incultes.

˗ En supposant même qu'on fût parvenu à être fixé d'une manière complète sur la valeur de cette dénomination, comme il arrive que ce qui peut être cultivé une année peut ne plus l'être une autre année, et *vice versâ*, la cote des contribuables aurait dû être établie à nouveau tous les ans.

Pour ces deux raisons, l'établissement des rôles eut présenté des difficultés continuelles et insurmontables.

La contribution que je propose d'admettre en principe ne peut être, à proprement parler, une contribution de centimes additionnels, mais elle peut être établie au même titre ; les résultats avantageux pour la colonisation, seraient semblables à ceux que se proposaient les ordonnances que je rappelle, et ces avantages seraient proportionnels au taux auquel on la fixerait. Son application me paraît très-facile, à moi, qui ai exercé longtemps des fonctions qui servaient essentiellement à établir les bases de la contribution foncière en France.

Du reste, je n'oserais pas présenter un projet d'une importance si majeure s'il était le fruit de mes seules études ; M. de B....... en a eu la pre-

mière idée, nous l'avons longuement et souvent dis-
cuté, nous avons consulté des personnes spéciales.
Enfin, nous avons pensé que le moment était venu
de le mettre à jour, tant à cause de la transforma-
tion de l'Administration civile en Administration municipale qu'à cause de la maturité à laquelle ce projet est parvenu par suite de nos recherches et de
nos études suivies.

Ensemble du projet.

Au lieu d'appliquer, comme les ordonnances, un
impôt de 5 ou 10 francs par hectare sur les terres
incultes seulement, je proposerais un impôt de 1 fr.
sur tous les terrains en défalquant ceux qui doivent
être attribués à la commune.

Beaucoup de terrains doivent être considérés
comme domaniaux par application de l'ordonnance
du 21 juillet 1846, parce que les titres des occupants
n'ont pas été homologués et que, par suite, ils n'ont
pas dû être délimités conformément à cette ordonnance.

La plupart de ces occupants sont des indigènes
dont la position comme propriétaires est encore à
régulariser ; mais bien qu'ils doivent être considérés
aujourd'hui comme possédant sans titre, la contribution pourrait néanmoins leur être imposée au seul
titre d'occupant.

Les terrains à proprement parler domaniaux seraient aussi grevés de la contribution ; ce ne serait
qu'une manière de solder au budget de la commune
une partie de la subvention que l'État lui accorde.

Je demanderais que, par suite de cette imposition,

les indigènes fussent exonérés des autres impôts qui frappent directement leur agriculture, par ce motif que celui-ci, mieux réparti, produirait davantage tout en étant plus léger. La plupart des impôts qui les frappent aujourd'hui ont l'inconvénient de peser, non sur la valeur du fonds, ni sur l'étendue occupée, ni enfin sur les produits, mais seulement sur les instruments de travail et sur le travail lui-même. Celui-ci frapperait donc uniquement sur l'étendue, et c'est précisément *par la possession de grandes étendues* que les indigènes, aussi bien que les Européens mettent obstacle au peuplement et à la colonisation.

Résultats.

L'étendue du territoire de la commune de Coléah est d'environ 16,400 hectares. En déduisant 4,400 hectares pour les communaux et autres terrains qu'on jugerait non imposables, il resterait 12,000 hectares, lesquels au taux de 1 franc l'un, produiraient un revenu de 12,000 francs.

Il a été dépensé en 1850 pour les villages de Coléah, Fouka, Douaouda et Zéradla, 3,153 fr. en primes de défrichement; en 1851, on a dépensé 1,897 fr. 50 c. pour les deux villages de Zéradla et Douaouda. On sait le bien considérable qu'ont produit ces faibles sommes ; on peut juger par là de ce que produirait une somme plus que sextuple à appliquer à toute espèce de travaux qu'on croirait utile d'encourager, tels que : défrichements, plantations, semis de pins, clôtures, norias, puits, constructions, etc., pour la rémunération desquels je vous proposerais ultérieurement un tarif.

Mais l'impôt produirait encore par lui-même un bon résultat (Note II) : ce serait celui auquel tendaient les ordonnances dont j'ai parlé en commençant. En effet, tandis que le petit concessionnaire de 6 à 10 hectares supporterait aisément une cote de 6 à 10 francs (Note III) qui lui procurerait des centaines de francs, on verrait les propriétaires de 7 à 800 hectares forcés de tirer parti de ces grandes étendues qui leur coûteraient annuellement des sommes assez notables tandis qu'elles ne leur rapporteraient que peu de chose sinon rien (1).

Je ne puis terminer ce rapport sans signaler encore un avantage que produirait l'impôt foncier communal.

On sait qu'une foule de travaux publics ruraux très-urgents, tels que ceux exigés par la rupture d'une digue, d'une chaussée, la destruction des ornières, etc., ne peuvent être exécutés promptement que par le moyen des corvées. Or, il n'est pas possible d'établir une bonne répartition des corvées sans des rôles de contribution ; celle que je propose pourrait permettre l'adoption de cette mesure indispensable pour les communes.

Conclusion.

Je viens donc vous prier, Messieurs, d'appuyer d'un vote favorable la proposition que j'ai l'honneur

(1) Bien que le district de Coléah soit un des plus peuplés de l'Algérie, il n'y a pas encore plus du 1/5 de son étendue occupée par la colonisation.

de vous faire et qui est résumée dans les articles
. . . . du budget communal.

Recevez, etc.

Signé : MARCHAL.

Coléah, le 25 janvier 1852.

Si on envisageait l'application de cette mesure, aux
40 millions d'hectares de l'Algérie, on pourrait en-
trevoir de grands résultats. Mais bien que générale,
il faudrait pour lui conserver réellement tous les
caractères d'un subside spécial tel que je l'entends
que l'imposition n'en fut pas moins communale et
que le produit en fut réparti, par district ou commune, et employé seulement à rémunérer ou à
primer les travaux de colonisation faits par les particuliers après, toute fois, prélèvement des frais
de perception. Je voudrais enfin qu'il servit à la
Colonisation Agricole dans toute l'acception du mot.

J'insiste sur ce point avec l'intention que m'inspire journellement l'aspect de nombreux travaux publics dont l'utilité, au point de vue de la *colonisation agricole* proprement dite, me paraît à peu près nulle, tandis qu'ils sont exécutés avec des fonds dont la dépense est imputée à la colonisation (Note IV).

La répartition du produit pourrait se faire, dans chaque district, par trois experts, savoir : un employé de l'administration ou de la commune, géomètre ou architecte, et deux colons, nommés à l'élection par tous les cultivateurs. Quand à la manière de faire cette opération, de nombreux précédents déjà prouvent la facilité aussi bien que l'exellence de ce genre de rémunération.

En portant la cote de chaque hectare à 1 fr. 50 c. (on serait encore loin du taux fixé par les ordonnances) les résultats seraient encore plus décisivifs ; l'administration, d'une part, obtiendrait bien plus facilement la disponibilité des terres dont elle aurait besoin, et d'autre part les véritables exploitateurs une plus forte rémunération.

Je ne crois pas qu'on doive dépasser ce taux de 1 fr. 50 c., mais je ne craindrais pas d'arriver jusque-là. (Note V.)

Dès aujourd'hui l'Administration taxe les concessions, ce serait plutôt le contraire qu'il faudrait faire si c'était possible, car c'est imposer l'occupation en quelque sorte, tandis qu'il faudrait imposer l'inculture et l'inoccupation.

C'est encore imposer le débit des terres, la mise en circulation si l'on veut, ou enfin la propriété divisée, tandis qu'en ce moment ce serait l'étendue seule, c'est-à-dire l'accaparement qu'il faudrait imposer.

Taxer uniquement les concessions c'est encore
entraver l'action du Gouvernement déjà si lente et si
onéreuse, tant pour lui-même que pour les colons,
et tout cela pour n'arriver jamais qu'à un résultat
financier de la dernière insignifiance.

La taxe devrait peut-être n'être pas la même pour
chaque district ; comme ce serait un impôt communal, chaque commune pourrait en proposer l'éléva-
tion ou l'abaissement et même la suppression si elle
le jugeait à propos, et ce serait encore précisément
en cela qu'elle aurait le caractère d'un subside proprement dit, plntôt que d'un véritable impôt.

Dans le cas de taxe non uniforme on pourrait
prendre pour base la somme de contributions que
seraient susceptibles de payer, au maximum, les
terres en valeur, et répartir cette somme à payer
sur toutes les terres indistinctement ; cette question
serait d'ailleurs à examiner plus attentivement que je
n'ai pu le faire.

Je suis absolument convaincu que le lotissement
seul de terres toujours prêtes à être délivrées par
10 et 6 hectares (Notes VII et IX) à tout émigrant
travailleur suffirait pour produire le peuplement et
la colonisation du pays ; — quinze années de rési-
dence en Algérie, — la plupart employées au ser-
vice des concessions, suffirait pour donner assez de
poids à cette opinion, si elle n'avait pas d'ailleurs
pour appui le témoignage de presque tous les concessionnaires. (Note V.)

Mais pour arriver à faire ce lotissement il faut
avoir des terrains disponibles ; la mesure que je
propose aménerait sans doute la disponibilité de
beaucoup de terres, ensuite elle en écarterait les ac-

capareurs (1) et en même temps produirait des subventions pour ceux qui devraient s'occuper de les mettre en valeur.

On peut considérer à peu près tous les établissements agricoles fondés jusqu'à ce jour, uniquement, comme des jalons formant le canevas ou le cadre sur lequel la colonisation doit être établie, ce serait seulement sous ce point de vue qu'on pourrait les admettre comme résulat définitif, si encore leur entretien n'exigeait pas des sacrifices considérables.

Cet état de choses, cependant, doit cesser (Note I); on ne peut vouloir que chaque établissement, après avoir coûté des sommes énormes d'installation, coûte encore d'autant plus d'entretien pendant un temps indéfini.

Il s'agit donc de changer cette situation onéreuse, et en même temps de tirer parti de ce travail préparatoire, de ce cadre formé par des centres agricoles déjà créés ; c'est par le concours de l'initiative de la masse des particuliers que la chose est possible. C'est en engageant et provoquant cette initiative par une mesure d'une application générale qu'on obtiendra des résultats proportionnés à la grandeur de l'entreprise coloniale.

Avec le système que j'indique l'action bienveillante

(1) La qualification d'accapareur ne doit pas être prise ici en mauvaise part ; je ne vois pas de terme qui puisse désigner mieux les personnes qui achètent d'une chose nécessaire au public, en grande quantité, afin de n'en tirer parti que lorsque la valeur en aura augmenté avec le temps. Mais on ne saurait blâmer les capitalistes qui voient leur intérêt à faire cette spéculation, dès qu'il serait si facile au Gouvernement d'en annuler les mauvais effets et même de la faire tourner à l'avantage de tous.

du Gouvernement, vis-à-vis de la colonisation serait
fixée à son véritable rôle ; ce serait de l'Administration en général, de l'Instruction, des Cultes, de la
Police, de la Justice, &., dont il aurait à s'occuper
et surtout des Travaux publics qui lui incombent na-
turellement et auxquels il pourra affecter tout entier
le budget dit aujourd'hui de la colonisation.

On ne verrait plus alors l'Administration forcée
d'entrer dans les détails les plus minimes, bien que
les plus essentiels des intérêts de chaque colon, et
par des circonstances toujours indépendantes de sa
volonté et des intérêts de la colonisation, faire
tomber les faveurs du Gouvernement sur tel ou tel
particulier, ou sur telle ou telle population quels qu'ils
soient.

On remplacerait par des primes pour le travail, à
mesure qu'il serait fait, ces subventions de toutes
sortes accordées à titre d'avances, mais qui ne doivent jamais être remboursées, puisque, d'ailleurs,
leurs sommes dépassent souvent de plus de dix fois
le résultat direct qu'elles ont contribuées à produire,

Par la délivrance aux émigrants travailleurs, en
temps opportun *pour eux*, des terres qu'ils demandent et par la répartition immédiate des primes pour
les travaux qu'ils auraient faits, on suppléerait cer-
tainement avec beaucoup d'avantages aux subventions abusives d'aujourd'hui qui ne font qu'achever
de démoraliser des gens que la trop longue attente
d'une concession pure et simple avait déjà ruinés et
démoralisés (Note VI.)

A l'égard de l'opportunité de la combinaison que
je propose, je dirai que moins le pays sera occupé
et cultivé plus il y aura intérêt pour les exploitants

à la voir appliquée immédiatement, car on serait à même de stimuler par la répartition de plus fortes primes les individus qui voudraient acquérir des terres dans le but de les exploiter, en même temps que, par l'impôt, on arrêterait et on éloignerait les accapareurs qui seraient forcés de céder la place aux premiers, à des conditions d'autant plus favorables, que l'époque du peuplement et de la mise en valeur de leurs terres pourra leur paraître moins rapprochée.

Il pourrait arriver, pour les premières années de la mise à exécution, qu'on fût obligé de primer, dans certains districts, les travaux de colonisation à un taux plus élevé que les sommes qu'ils auraient pu coûter, sans quoi la dépense n'atteindrait pas le chiffre de la recette ; cette espèce d'anomalie disparaîtrait bien vite ; elle serait, d'ailleurs, moins fâcheuse que ce qui existe aujourd'hui, à savoir : la possession d'une grande partie du sol par des propriétaires ou concessionnaires qui·semblent ne pas devoir user autrement de leurs droits sur leurs propriétés qu'en y consacrant l'inculture et la stérilité.

L'introduction prématurée dans le pays, de propriétaires rentiers, en nombre hors de proportion avec celui des travailleurs, doit être une cause de stagnation mortelle pour les affaires de tous.

Non-seulement la plupart ont maintenu le désert jusqu'à présent dans les terres qu'ils possèdent, mais on peut citer des exemples de dépeuplement causés par leur introduction dans des localités qui avaient d'abord été peuplées, parce que, suivant la prédiction de M. le Maréchal Bugeaud, les émigrants français ne viennent pas en Algérie pour y être fermiers

et s'il arrive qu'un colon propriétaire ou concessionnaire se défasse de la terre qu'il cultivait, dès qu'il
l'a vendue il s'éloigne pour s'en procurer une autre,
et la plupart du temps, il est remplacé par le simple
rentier (Notes VII, VIII et IX).

On conçoit que des propriétaires de cette dernière
catégorie, auxquels ce projet a été expliqué, aient cru
devoir s'y montrer vivement hostiles. Cependant je
compte tellement sur les effets de son exécution et
sur la fécondité de ses résultats, que je ne doute pas
que ces propriétaires mêmes n'eussent lieu de s'en
applaudir (Note X).

Car le mouvement colonial d'ensemble qui en serait la suite nécessaire produirait des circonstances
par le moyen desquelles ils auraient occasion de tirer
de leurs propriétés un parti utile pour eux et pour la
colonisation en général (Note X).

NOTES.

I.

La France ne consentira pas toujours à subvenir,
comme elle le fait aujourd'hui, à la presque totalité
des dépenses qu'exige l'Algérie. Non-seulement pour
diminuer sa part, mais encore, et surtout comme un
moyen moral, pour prouver aux contribuables français que l'Algérie peut et doit un jour arriver à se
suffire à peu près à elle-même, &. *M, Moll, vol. 2,
page 576.*

II.

M. Moll dit, vol. 2, page 576 : Quand les impôts
sont établis avec intelligence et ne sont pas dispro-
portionnés, loin d'être une entrave, ils sont un sti-

mulant et deviennent surtout utiles lorsque le produit en est employé à des dépenses productives.

III.

On peut objecter que bien des malheureux colons qui commencent ne pourraient pas payer même cette faible somme de 6 à 10 francs, puisqu'on croit nécessaire de leur accorder des subventions de toute nature et de pourvoir à presque tous leurs besoins ; mais je ne vois là aucunes difficultés, car il est certain que le petit colon arrivera, par son travail, à obtenir des primes dont le montant le couvrira plusieurs fois pour une de la dépense de l'imposition ; s'il en était autrement, cela ne serait que pour une des causes, savoir : 1° Qu'il n'aurait pas travaillé; alors le percepteur viendrait, dans ce cas, très-utilement à l'aide de l'Administration des concessions pour poursuivre l'éviction d'un colon qui ne tirerait pas parti de son terrain ; 2° Il pourrait se faire, dit-on (ce que je ne crois pas cependant qu'il arrive jamais), qu'il ne revînt pas au petit concessionnaire, malgré son travail, pour sa part de répartition de primes, une somme qui atteigne le chiffre de son impôt ; c'est qu'alors le but serait atteint au-delà de toute espérance et, dès ce moment, la commune pourrait, si elle le jugeait ainsi, suspendre, suivant son droit, l'application d'une mesure qui commencerait à dépasser le but.

Je ne voudrais pas qu'il fût admis que le concescessionnaire commençant, quel qu'il fût, petit ou grand, fût exonéré, parce que cette mesure de détail serait contraire au principe de la mesure d'ensemble que je propose ; c'est l'objet qui doit être imposé et non la personne ; pour tout hectare, il devra y avoir un franc à payer, cela devrait être ainsi pour que la perception ne fût entravée par aucune réclamation.

Mais soit l'Administration ou la Commission de répartition des primes, soit enfin une autorité quelconque en dehors tout-à-fait de l'Administration des recettes pourra être appelée à suppléer aux inconvénients de ce système, s'il paraissait dans certains cas isolés et imprévus, être par trop rigoureux, en faisant obtenir à titre de secours au concessionnaire nécessiteux, dont l'éviction ne serait pas désirable, la faible somme qui devrait lui servir à payer sa cote.

IV.

Quand il s'agit de choses véritablement utiles on reconnaît la vérité de ce qu'a dit M. Moll : « Rien « ne répugne tant au Français que les dépenses « productives. » Il cite encore ce fait : « L'agricul-« ture de toute la France est portée au budget pour « 900 mille francs et les théâtres de Paris pour « 1,500,000 francs. »

L'objection la plus sérieuse et la plus embarrassante qui m'ait été faite, c'est, m'a-t-on dit, que le Gouvernement pourrait s'emparer de la recette dont j'indique la source et la faire entrer dans le budget général de l'État qui la rendrait, il est vrai, en allocations quelconques ; mais ce seraient précisément ces allocations de l'État dont l'utilité serait à contester dès que nous en ferions les frais.

J'espère qu'on comprendra que par le fait de cette combinaison dont on nous menace, la mesure deviendrait *aussi ruineuse pour la colonisation qu'elle pourrait lui être avantageuse étant appliquée comme je le propose.*

V.

On peut objecter que certains terrains trop mauvais ne devraient pas être taxés ou devraient être peu taxés. Cependant il n'y a pas de terrains tellement mauvais qu'on ne puisse en tirer un parti utile quelconque, et un particulier possédant cent hectares de mauvais terrains pourrait, en y faisant annuellement un semis forestier d'un hectare, par exemple, se couvrir chaque fois pour plusieurs années de ce que lui coûterait l'imposition par l'effet des primes ou subventions qui en résulteraient.

VI.

Non seulement la délivrance immédiate de terres amènerait le peuplement et la colonisation, mais bientôt il arriverait des émigrants qui paieraient leur installation assez cher pour couvrir les frais que l'on aurait fait pour cela. Quand un courant d'émigration se dirige vers un point du pays, les premiers émigrants doivent être subventionnés de toute manière ; les seconds se contentent d'une concession gratuite de terre et ceux qui viennent en troisième lieu demandent à acheter, mais alors il n'y a plus de place.

VII.

En conséquence de la manière de voir de M. le maréchal Bugeaud, dont l'expérience démontre tous les jours la parfaite justesse, il devrait être admis en principe *que chaque grande concession fût entourée de deux fois autant de concessions assez petites pour n'exiger l'emploi que de la moitié du temps de leurs posseseurs qu'il faut de familles de plus qu'une pour exploiter la grande.* Par exemple : Si on suppose une propriété devant absorber le travail de 11 familles, cette propriété, pour être exploitée par des colons européens, devra être avoisinée par vingt propriétés assez petites pour n'occuper que la moitié du temps de leurs détenteurs ; après avoir établi cette formule, je citerai encore le principe qui suit : *La rareté des grandes propriétés serait moins désavantageuse aux petites que la rareté des petites ne le serait aux grandes ;* ou en d'autres termes : *Rien n'entravera le succès de l'exploitation d'une grande propriété comme le voisinage d'autres grandes propriétés, et rien ne pourra être utile tant à la petite qu'à la grande propriété comme le voisinage des petites.* Mais avec l'application de notre système d'impôt, ni l'Administration, ni le Gouvernement n'auraient à s'occuper de la vérité de ces principes, ni de la justesse de ces formules ; l'intérêt particulier, vivement stimulé par la combinaison d'impôt et de subvention, saurait bien choisir et appliquer le système qui lui conviendrait le mieux.

VIII.

M. Moll, dans plusieurs parties de son ouvrage,

semble préconiser la grande propriété, mais elle n'avait pas besoin de son appui pour se développer et envahir l'espace prématurément et outre mesure; bien des faiseurs ont obtenu, son livre à la main, la protection de l'administration et du gouvernement.

Si M. Moll, un des maîtres de l'opinion sur l'Algérie, l'a dirigée dans une fausse voie à propos de cette question temporaire et de détail, nous lui devons, d'un autre côé, d'avoir contribué autant que qui que ce soit, à la fixer sur l'ensemble de la question d'occupation et de colonisation. Mais malgré lui, malgré le pouvoir, le rapport entre la grande et la petite propriété ne sera jamais réduit aux proportions qu'il indique (page 16 et 17, vol. 2) et quand il engage (page 16) les chefs militaires à ne pas persister dans leurs préventions à cet égard, il paraît bien s'être laissé prévenir lui-même.

La grande culture, disait-il (page 15, vol. 2) a été en Angleterre l'unique cause des progrès agricoles de ce pays, et il ajoute que si la France est arriérée, c'est que tout en possédant la grande propriété, elle n'a pas ou presque pas de grande culture.

S'il en est ainsi en France, à plus forte raison en sera-t-il ainsi en Algérie, car les grands propriétaires d'Algérie sont encore bien moins grands cultivateurs que ceux de France. Cette réflexion aurait dû engager M. Moll à conclure différemment qu'il n'a fait, d'autant mieux qu'il ajoute plus loin : « Le succès de la colonie de la Nouvelle-Galles du Sud, si longtemps languissante date du jour où de riches fermiers anglais vinrent y apporter leur intelligence et leurs capitaux. » A la bonne heure? Mais sans doute la Nouvelle-Galles était déjà peuplée ou à peu près, ou bien les terrains qu'ils devaient exploiter pouvaient l'être à cette époque par des ouvriers anglais. Mais de riches fermiers anglais apportant leurs capitaux dans un pays comme celui-ci, qui ne contient pas encore de travailleurs et qui ne doit être peuplé en grande partie que par des Français, avant que le peuplement n'y ait été amené et fixé par des distributions de petites concessions, ces fermiers n'y trouveraient pas à employer utilement leurs fonds et ils feraient ce que font et ce que doivent faire en ce moment la plupart des grands propriétaires algériens, sous peine de se ruiner : ils attendraient que cela prenne de la valeur plus tard (expression consacrée), et il n'amèneraient pas plus que ceux-ci des ouvriers pour être simplement leurs hommes de peine. Au reste, s'il devait en être autrement, qui les empêcherait de venir fonder en Algérie de ces établissements modèles?

Grâce aux soins de l'Administration, la grande propriété y existe, définie, déterminée et liquide, comme elle ne l'est aussi bien nulle part peut-être au monde, et telle propriété qui devrait leur coûter des millions pour être mise en valeur, ne leur coûterait que quelques milliers de francs d'acquisition.

IX.

Dans le Ier volume Pag. 5 0 et 351) de l'ouvrage de M. Moll, on lit : « Il faut, je crois, renoncer complétement à l'idée d'amener en Afrique des cultivateurs

« pour n'en faire qne des métayers ou des fermiers;
« on n'aura de colons sérieux qu'en leur offrant le
« titre de propriétaire en perspective. »

M. Moll parle de cultivateurs ; je ne pense pas
qu'il veuille faire une distinction entre les simples
ouvriers journaliers, et ceux qui sont plus spéciale-
ment cultivateurs ; pour les uns comme pour les
autres, ce ne serait que par l'attrait de la propriété
d'un petit lopin de terre qu'on pourra les fixer au
sol. Je voudrais donc qu'il fût alloué à tout émigrant
travailleur, fut-il dénué de ressources pécuniaires,
une petite concession de 3 à 4 hectares ; par ce sa-
crifice, (en admettant que c'en soit un) on ne paye-
rait pas trop cher *l'implantation* des familles de
cette sorte.

X.

Le même auteur dit, page 350, même volume :
« Aussi n'avons-nous pas vu réussir une seule com-
« pagnie agricole en France, &. »

La constatation de ce fait, ne prouverait pas en
faveur du succès probable de la grande propriété....

Si je crois qu'on peut-être avec raison l'adversaire
de la grande propriété déserte, il s'en faut bien que
je sois l'adversaire systématique de la grande propriété en général, Mais établissant ce fait très notoire
qui se renouvelle journellement, savoir : qu'il y a
plus de grandes concessions que de petites accordées
à la faveur et aussi plus de grandes propriétés que
de petites, acquises par des personnes qui n'y doivent rien faire, je voudrais enfin démontrer que

l'application de la combinaison que j'indique, remédierait efficacement aux effets d'un accaparement qui, s'il était prolongé, serait préjudiciable aussi bien aux accapareurs eux-mêmes, qu'au public.

Quelle que soit la sorte de propriété, grande ou petite, qui doit prédominer en Algérie, il est certain qu'en rendant notre mesure exécutoire, sur une grande partie du territoire algérien on déterminerait aussitôt un mouvement général qui établirait entre l'une et l'autre—l'équilibre naturel, tel que le nécessiteraient les éléments qui devraient concourir à l'œuvre de la colonisation, — sans que l'Administration ait à se préoccuper de celle qui doit avoir la prééminence.

Et ce grand mouvement d'ensemble, en procurant des facilités aux acquéreurs sérieux, à ceux qui voudraient utiliser leurs acquisitions, entraveraient seulement les accapareurs à venir, mais il ne serait pas généralement désavantageux aux accapareurs actuels ou anciens, parce qu'il ajouterait immédiatement une valeur réelle à toutes sortes de terres.

Parmi la masse des biens ruraux, ceux qui sont exploités sont l'exception, et ceux qui sont incultes sont la règle generale. Cet état de choses et préjudiciable aux premiers en ce qu'il les place dans un isolement qui rend leur exploitation plus onéreuse et la sécurité de leurs récoltes moins certaine, et, à l'égard des seconds, leur valeur ne peut être appréciée et évaluée que d'aprè celles des terrains cultivés qui les avoisinent. Or la nécessité de la mise en valeur une fois imposée généralement par la contribution, et stimulée par les subventions, devra sans contredit être une cause d'augmentation de valeur pour les uns comme pour les autres, puisque la dépréciation causée par leur isolement, tendra à disparaître pour les terres cultivées, et, par conséquent, la valeur des terres incultes tendra à augmenter d'autant.

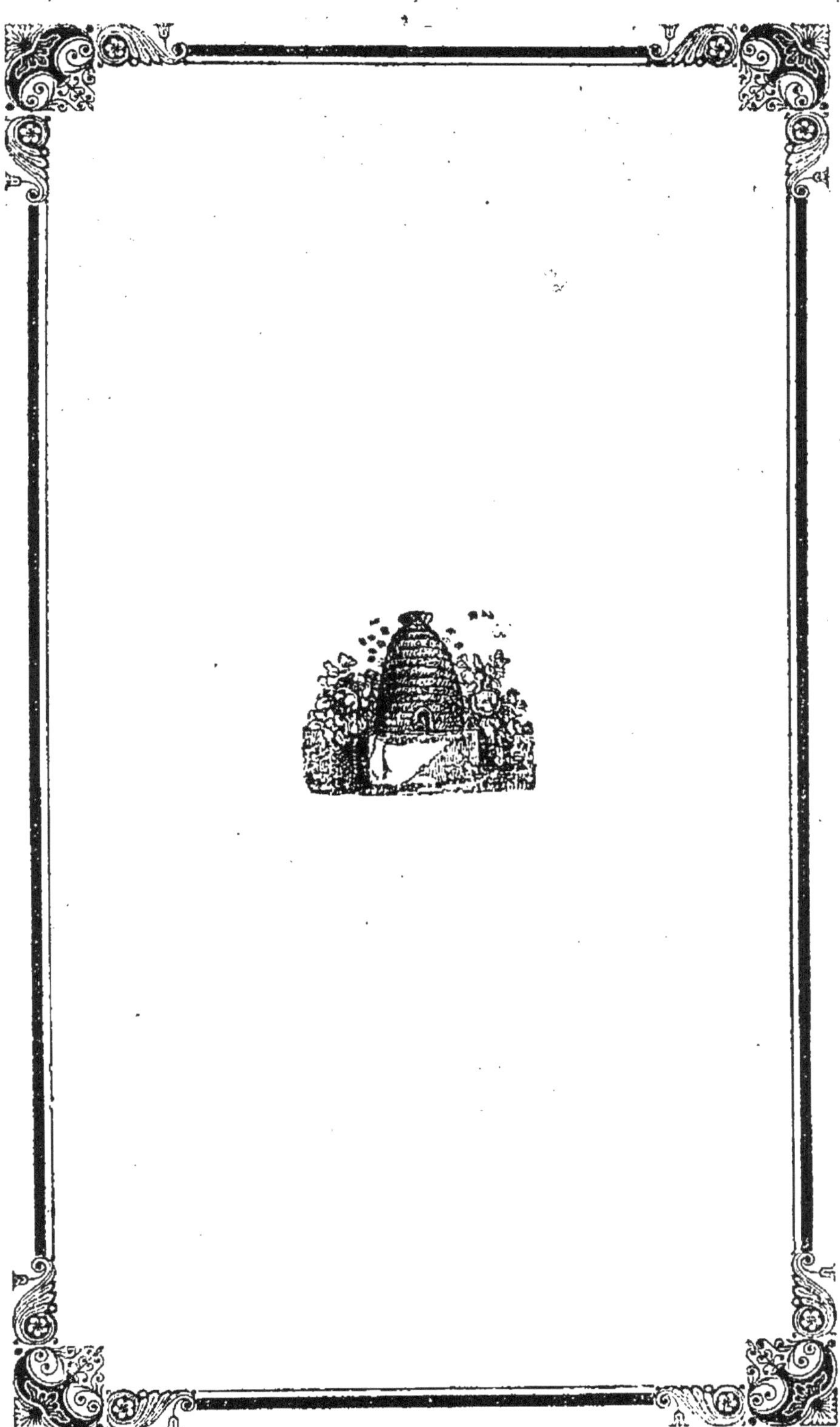